DES CONTRAVENTIONS

À LA

LOI DU 28 MARS 1882

SUR

L'ENSEIGNEMENT PRIMAIRE OBLIGATOIRE

SUIVIES DE FORMULES

A L'USAGE DES COMMISSIONS SCOLAIRES

PAR

M. H. LENAIN

Ancien Notaire

Juge de paix de Meulan (Seine-et-Oise

PARIS

SOCIÉTÉ D'IMPRIMERIE ET DE LIBRAIRIE ADMINISTRATIVES ET DES CHEMINS DE FER

PAUL DUPONT

41, RUE JEAN-JACQUES-ROUSSEAU

1887

DES CONTRAVENTIONS

A LA

LOI DU 28 MARS 1882

SUR

L'ENSEIGNEMENT PRIMAIRE OBLIGATOIRE

SUIVIES DE FORMULES

A L'USAGE DES COMMISSIONS SCOLAIRES

PAR

M. H. LENAIN

Ancien Notaire

Juge de paix de Meulan (Seine-et-Oise

PARIS

SOCIÉTÉ D'IMPRIMERIE ET DE LIBRAIRIE ADMINISTRATIVES ET DES CHEMINS DE FER

PAUL DUPONT

41, RUE JEAN-JACQUES-ROUSSEAU

1887

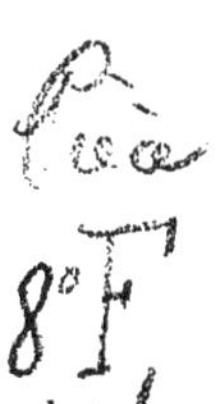

AVANT-PROPOS

Le but de ce travail n'est pas de présenter un commentaire complet de la loi du 28 mars 1882 sur l'enseignement primaire obligatoire, mais de préciser, d'une part le sens et la portée de ceux de ses articles, dont l'application exacte sert de base légale aux poursuites autorisées devant le juge de paix, et de faire connaître, d'autre part, l'état de la jurisprudence en cette matière.

En effet, depuis tantôt cinq ans que la loi existe, les décisions judiciaires auxquelles elle a donné naissance, sans être très nombreuses, ont été, il faut le reconnaître, bien souvent contradictoires. Les plaintes adressées aux juges de paix, en exécution de l'article 14 de la loi précitée, ont été et sont presque toujours annulées, ces magistrats les reconnaissant basées, la plupart du temps, sur une procédure irrégulière. Les contraventions restent impunies, de là un grave inconvénient auquel nous voulons essayer d'apporter remède, en mettant sous les yeux de MM. les maires, adjoints et autres membres des Commissions scolaires un résumé pratique de la procédure à suivre, et des formules de délibérations, avis et notifications, le tout mis en harmonie avec la loi du 28 mars 1882, et celle du 30 octobre 1886 sur l'organisation de l'enseignement.

LOI

QUI REND L'INSTRUCTION PRIMAIRE OBLIGATOIRE

DU 28 MARS 1882

Promulguée au Journal officiel du 29 mars 1882.

Le Sénat et la Chambre des députés ont adopté,

Le Président de la République promulgue la loi dont la teneur suit :

ART. 1er. — L'enseignement primaire comprend :

L'instruction morale et civique;

La lecture et l'écriture;

La langue et les éléments de la littérature française;

La géographie, particulièrement celle de la France;

L'histoire, particulièrement celle de la France jusqu'à nos jours;

Quelques notions usuelles de droit et d'économie politique;

Les éléments des sciences naturelles, physiques et mathématiques; leurs applications à l'agriculture, à l'hygiène, aux arts industriels; travaux manuels et usage des outils des principaux métiers;

Les éléments du dessin, du modelage et de la musique;

La gymnastique;

Pour les garçons, les exercices militaires;

Pour les filles, les travaux à l'aiguille.

L'article 23 de la loi du 15 mars 1850 est abrogé.

Art. 2. — Les écoles primaires publiques vaqueront un jour par semaine, en outre du dimanche, afin de permettre aux parents de faire donner, s'ils le désirent, à leurs enfants, l'instruction religieuse, en dehors des édifices scolaires.

L'enseignement religieux est facultatif dans les écoles privées.

Art. 3. — Sont abrogées les dispositions des articles 18 et 44 de la loi du 15 mars 1850 en ce qu'elles donnent aux ministres des cultes un droit d'inspection, de surveillance et de direction dans les écoles primaires publiques et privées et dans les salles d'asile, ainsi que le paragraphe 2 de l'article 31 de la même loi qui donne aux consistoires le droit de présentation pour les instituteurs appartenant aux cultes non catholiques.

Art. 4. — L'instruction primaire est obligatoire pour les enfants des deux sexes agés de six ans révolus à treize ans révolus ; elle peut être donnée soit dans les établissements d'instruction primaire ou secondaire, soit dans les écoles publiques ou libres, soit dans les familles, par le père de famille lui-même ou par toute autre personne qu'il aura choisie.

Un règlement déterminera les moyens d'assurer l'instruction primaire aux enfants sourds muets et aux aveugles.

Art. 5. — Une Commission municipale scolaire est instituée dans chaque commune pour surveiller et encourager la fréquentation des écoles.

Elle se compose du maire, président; d'un des délégués du canton, et, dans les communes comprenant plusieurs cantons, d'autant de délégués qu'il y a de cantons, désignés par l'inspecteur d'académie; de membres désignés par le Conseil municipal en nombre égal, au plus, au tiers des membres de ce conseil.

A Paris et à Lyon, il y a une commission pour chaque arrondissement municipal ; elle est présidée à Paris, par le maire, à Lyon par un des adjoints ; elle est composée d'un des délégués cantonaux, désigné par l'inspecteur d'académie, de membres désignés par le conseil municipal, au nombre de trois à sept par chaque arrondissement.

Le mandat des membres de la Commission scolaire désignés par le conseil municipal durera jusqu'à l'élection d'un nouveau Conseil municipal.

Il sera toujours renouvelable.

L'inspecteur primaire fait partie de droit de toutes les commissions scolaires instituées dans son ressort.

La loi du 30 octobre 1886 sur l'organisation de l'enseignement primaire, par son article 54, a reproduit exactement la composition de la Commission municipale scolaire, telle que l'avait réglée la loi du 28 mars 1882 par son article 5. Mais prévoyant que certains conseils municipaux pourraient chercher à entraver la loi sur l'enseignement primaire obligatoire en refusant de procéder à la nomination des membres qui doivent faire partie de la Commission, elle a fait à la loi de 1882 une addition importante en déclarant que dans le cas où le Conseil municipal refuserait de procéder à la nomination de ces membres, le préfet les désignerait en ses lieu et place.

Les membres nommés par le Conseil municipal, ou d'office par le préfet, ne doivent pas *nécessairement* être pris dans le Conseil municipal lui-même, on peut les choisir en dehors du Conseil, en tout ou en partie. La liberté la plus grande est laissée à ce sujet au Conseil municipal qui choisit, où bon lui semble, les membres qui lui paraissent aptes à remplir cette mission.

L'inspecteur primaire fait partie de droit de la Commission scolaire, mais il ne peut se faire représenter par un délégué. Le droit qu'il a de faire partie de cette Commission, de surveiller ses opérations, est tout à fait *personnel;* il ne peut donc le transmettre à qui que ce soit, ainsi qu'il peut le faire, en matière d'examen, comme l'autorise l'article 16 ci-après énoncé.

Ceci posé, nous allons examiner le rôle des Commissions scolaires, et au point de vue légal, leur composition et leurs délibérations.

Les Commissions scolaires n'ont l'entrée des écoles que pour surveiller et encourager la fréquentation de ces mêmes écoles, pour constater si les renseignements et les indications qui doivent leur être fournis par les instituteurs sont bien exacts, conformes à la réalité des choses.

Là s'arrêtent leurs pouvoirs, et ainsi que l'a décidé le Conseil d'État, par son arrêt en date du 16 mars 1883, les Commissions scolaires ne peuvent et ne doivent contrôler les matières ou les méthodes de l'enseignement donné. Elles excéderaient leur compétence et commettraient un excès de pouvoir en accueillant des demandes d'excuses ou autres fondées sur des appréciations de cette nature. De même elles sont incompétentes pour décider si la neutralité promise de l'école est ou non violée.

Les délibérations des Commissions scolaires ne sont valables que si la majorité des membres est présente.

Ainsi une Commission composée du maire ou de l'adjoint, président; du délégué cantonal désigné par l'Inspecteur primaire, et de six conseillers municipaux, en tout huit membres, ne peut délibérer qu'au nombre de cinq (la moitié plus un) sans quoi le tribunal de police appelé à statuer, dans le cas de l'article 14 ci-après énoncé, devrait se déclarer saisi irrégulièrement et illégalement. (Cass. crim., 21 décembre 1883.)

Il est essentiel de remarquer que la Commission scolaire, même en majorité, ne saurait prendre une délibération valable, si le délégué cantonal n'avait été préalablement désigné par l'Inspecteur d'académie; dans ce cas, le tribunal de police devrait renvoyer le prévenu des fins de la poursuite. (Même arrêt.)

Une expédition des délibérations de la Commission scolaire doit être adressée, dans le délai de trois jours, par son président, à l'Inspecteur primaire, et aux termes de l'article 59 de la loi du 30 octobre 1886, l'inspecteur, les parents ou les personnes responsables peuvent faire appel des décisions des Commissions scolaires. Cet appel doit être fait dans les dix jours, par simple lettre adressée au préfet et aux personnes intéressées, et il est porté devant le Conseil départemental statuant en dernier ressort.

L'appel est suspensif, et les parents ou personnes responsables peuvent se faire assister ou représenter par des mandataires devant le Conseil départemental.

Les séances des Conseils départementaux et des Commissions scolaires ne sont pas publiques, aux termes de l'article 60 de la loi du 30 octobre 1886.

Si les parties intéressées, l'inspecteur, et même le ministre de l'Instruction publique, estiment qu'il y a eu excès de pouvoir de la part de la Commission scolaire, le pourvoi doit avoir lieu devant le Conseil d'Etat.

Art. 6. — Il est institué un certificat d'études primaires; il est décerné après un examen public auquel pourront se présenter les enfants dès l'âge de onze ans.

Ceux qui, à partir de cet âge, auront obtenu le certificat d'études primaires, seront dispensés du temps de scolarité obligatoire qui leur restait à passer.

Art. 7 — Le père, le tuteur, la personne qui a la garde de l'enfant, le patron chez qui l'enfant est placé, devra, quinze jours au moins avant l'époque de la rentrée des classes, faire savoir au maire de la commune, s'il entend faire donner à l'enfant l'instruction dans la famille ou dans une école publique ou privée; dans ces deux derniers cas, il indiquera l'école choisie.

Les familles domiciliées à proximité de deux ou plusieurs écoles publiques, ont la faculté de faire inscrire leurs enfants à l'une ou l'autre de ces écoles, qu'elles soient ou non sur le territoire de leurs communes à moins qu'elle ne compte déjà le nombre maximum d'élèves autorisé par les règlements.

En cas de contestation, et sur la demande soit du maire, soit des parents, le Conseil départemental statue en dernier ressort.

La composition du jury est réglée par des décrets et fixée par le Conseil supérieur.

Le programme s'applique à toutes les matières de l'enseignement primaire et les examinateurs s'assurent que l'élève qui sort de l'école en a tiré et recueilli tout le bénéfice, tout le fruit possible. Il n'y a pas à craindre que l'admission de l'élève soit prématurée, la composition du jury d'examen en est un sûr garant.

La déclaration prescrite par l'article 7 peut être verbale ou par écrit, mais elle doit être formelle, et il faut que la maire sache d'une façon positive, au moins quinze jours avant l'époque de la rentrée des classes, si l'instruction sera donnée à l'enfant, soit dans sa famille, soit dans une école publique ou privée, et, dans ces deux derniers cas, l'école choisie par la personne responsable doit être indiquée (Cass. crim., 15 et 21 décembre 1883).

C'est donc à tort que certains tribunaux ont décidé que la déclaration n'est pas obligatoire, lorsqu'il est de notoriété publique que les enfants reçoivent l'instruction dans la famille.

Il est à remarquer, au point de vue de l'application exacte des articles qui vont suivre, que le défaut de déclaration prescrite par l'article 7 ne constitue pas une contravention et que son omission ne donne lieu à l'application d'aucune pénalité, mais aux termes de l'article 8 ci-après, « l'inscription d'office de l'enfant à l'une des écoles publiques de la commune est faite, et oblige l'élève à la fréquentation scolaire, sous les conséquences des articles 12, 13 et 14 de la présente loi.

Doit-on appliquer aux étrangers la loi du 28 mars 1882 ?

Le tribunal de simple police de Céret a, à la date du 2 février 1883, décidé que la loi n'est pas applicable aux étrangers ; au contraire, le tribunal de simple police de Ressons-sur-Matz a jugé, le 13 juillet 1883, qu'elle leur est applicable.

Le Sénat venant de décider qu'à l'avenir les enfants nés en France de parents étrangers pourront, jusqu'à l'âge de vingt-deux ans, réclamer la nationalité française, que même pendant leur minorité, cette réclamation pourra être par eux formulée, nous estimons que la loi sur l'instruction primaire doit être appliquée aux enfants d'étrangers, nés en France, qui pourront, par conséquent, devenir Français en invoquant la législation nouvelle.

Art. 8. — Chaque année, le maire dresse, d'accord avec la Commission municipale scolaire, la liste de tous les enfants âgés de six à treize ans, et avise les personnes qui ont charge de ces enfants de l'époque de la rentrée des classes.

En cas de non-déclaration, quinze jours avant l'époque de la rentrée, de la part des parents et autres personnes responsables, il inscrit d'office l'enfant à l'une des écoles publiques, et en avertit la personne responsable.

Huit jours avant la rentrée des classes, il remet aux directeurs d'écoles publiques et privées la liste des enfants qui doivent suivre leurs écoles. Un double de ces listes est adressé par lui à l'inspecteur primaire.

Pour opérer régulièrement, le maire, d'accord avec la Commission scolaire, prend une délibération aux termes de laquelle il indique la liste de tous les enfants de six ans révolus à treize ans révolus devant ou recevoir l'instruction en famille, ou suivre les écoles, aux choix des parents.

En temps utile, le président de la Commission scolaire adresse au père, ou tuteur, ou autre personne responsable, un avis individuel lui faisant connaître la délibération prise à son égard, et lui indiquant l'époque de la rentrée des classes. Malgré ces avertissements, si la déclaration n'est pas faite par le père ou autres au moins quinze jours avant l'époque de la rentrée, l'inscription de l'enfant à une école de la commune est faite d'office, le maire et la Commission scolaire en dressent une délibération qui est notifiée à la personne responsable.

Cette notification peut être faite ou par ministère d'huissier, ou ce qui est moins coûteux, par lettre recommandée à la poste, ou encore au moyen d'un récépissé émanant de la personne à qui on laisse copie de la délibération sus-rappelée.

L'avertissement donné par le maire de l'inscription d'office est prescrit à peine de nullité, et faute par lui de l'avoir donné dans des termes formels, la poursuite contre le père de famille est sans base légale (Cass. crim., 4 août et 28 décembre 1883).

Jugé également que la publication, par voie d'affiches, de l'époque de la rentrée des classes, est insuffisante, et qu'un avis individuel à la personne responsable est nécessaire pour la mettre en demeure de faire la déclaration prévue et définie par l'article 7 (Cass. crim., 26 mai 1883).

A défaut de cet avis, l'inscription d'office est irrégulière et ne peut faire courir le devoir de la fréquentation scolaire, ni en conséquence servir de base à l'application des pénalités édictées pour réprimer les manquements à ce devoir (même arrêt).

Si l'avis n'a pas été donné dans les délais, il n'est pas nul, seulement le délai de quinzaine accordé au père de famille ne court qu'à dater de la réception de cet avis (Cass. crim., 4 août, 21 et 28 décembre 1883).

Art. 9. — Lorsqu'un enfant quitte l'école, les parents ou les personnes responsables doivent en donner immédiatement avis au maire et indiquer de quelle façon l'enfant recevra l'instruction à l'avenir.

Art. 10. — Lorsqu'un enfant manque momentanément à l'école, les parents ou les personnes responsables doivent faire connaître au directeur ou à la directrice les motifs de son absence.

Les directeurs et les directrices doivent tenir un registre d'appel qui constate, pour chaque classe, l'absence des élèves inscrits. A la fin de chaque mois, ils adresseront au maire et à l'inspecteur primaire un extrait de ce registre, avec l'indication du nombre des absences et des motifs invoqués.

Les motifs d'absence seront soumis à la Commission scolaire. Les seuls motifs reputés légitimes sont les suivants : Maladie de l'enfant, décès d'un membre de la famille, empêchements résultant de la difficulté accidentelle des communications.

Les autres circonstances exceptionnellement invoquées seront également appréciées par la Commission.

Art. 11. — Tout directeur d'école privée qui ne se sera pas conformé aux prescriptions de l'article précédent sera, sur le rapport de la Commission scolaire, et de l'inspecteur primaire, déféré au Conseil départemental.

Le Conseil départemental pourra prononcer les peines suivantes : 1° l'avertissement; 2° la censure; 3° la suspension pour un mois au plus, et, en cas de récidive dans l'année scolaire, pour trois mois au plus.

Art. 12. — Lorsqu'un enfant se sera absenté quatre fois dans le mois, pendant au moins une demi-journée, sans justification admise par la Commission municipale scolaire, le père, le tuteur ou la personne responsable sera invité, trois jours au moins à l'avance, à comparaître dans la salle des actes de la mairie, devant ladite Commission, qui lui rappellera le texte de la loi et lui expliquera son devoir.

En cas de non-comparution, sans justification admise, la Commission appliquera la peine énoncée dans l'article suivant.

Dès qu'un enfant quitte l'école où il est inscrit, le père doit immédiatement en aviser le maire, en lui indiquant comment il entend donner à l'avenir l'instruction à son enfant, et ce, sous les peines prononcées par l'article 12 ci-après, c'est-à-dire l'affichage de son nom à la porte de la mairie, avec indication du motif qui donne lieu à la pénalité.

Les absences et les motifs donnés à l'appui sont constatés régulièrement, jour par jour, par le directeur de l'école sur un registre spécial, et à la fin de chaque mois, un extrait contenant ces indications est transmis par lui au maire de la commune, et la Commission municipale scolaire décide.

La citation à comparaître adressée au père de famille, est de rigueur ; elle doit être envoyée *trois jours à l'avance*. Faute de cette citation, la délibération subséquente de la Commission scolaire est nulle.

Si la personne responsable n'a pas comparu, la délibération de la Commission scolaire doit lui être notifiée, et il importe peu que cette notification soit faite dans une forme ou dans une autre, mais sans elle, l'article 14 ne saurait devenir applicable, même en cas de nouvelle récidive.

Il reste maintenant à examiner la question de comparution et de non-comparution.

Le père (ou tuteur) comparait-il ? il présente ses moyens de défense. Si ces moyens sont admis, cette comparution ne saurait être considérée comme une première infraction ; si au contraire ils sont rejetés, la contravention a lieu et la pénalité prononcée dans ce cas consiste dans la réprimande (la commission lui rappelle le texte de la loi et lui explique son devoir).

Enfin, en cas de non-comparution, sans justification admise, la commission prononce la peine de l'affichage, ainsi qu'il sera expliqué en l'article suivant.

Notification de cette décision est faite au défaillant pour faire courir les délais d'appel, ainsi que nous l'avons vu plus haut.

Art. 13. — En cas de récidive dans les douze mois qui suivront la première infraction, la Commission municipale scolaire ordonnera l'inscription, pendant quinze jours ou un mois, à la porte de la mairie, des nom, prénoms et qualités de la personne responsable, avec indication du fait relevé contre elle.

La même peine sera appliquée aux personnes qui n'auront pas obtempéré aux prescriptions de l'article 9.

Cet article constate la seconde pénalité.

Si la personne responsable n'a pas fourni d'excuses acceptées par la Commission scolaire, celle-ci lui notifie sa décision ordonnant l'inscription, après les délais d'appel, bien entendu, pendant quinze jours ou un mois, à la porte de la mairie, des nom, prénoms et qualités, de la personne responsable qui a fait défaut, et avec indication du fait relevé contre elle.

Il n'est pas nécessaire que plus d'un mois se soit écoulé entre la première sanction prononcée par la Commission scolaire et l'infraction dernière déférée à cette commission, puis au juge de paix. Il suffit que dans chaque mois, on relève une infraction à l'article 12, c'est-à-dire quatre absences, d'au moins une demi-journée par absence.

Art. 14. — En cas d'une nouvelle récidive, la Commission scolaire ou, à son défaut, l'inspecteur primaire devra adresser une plainte au juge de paix. L'infraction sera considérée comme une contravention et pourra entraîner condamnation aux peines de police, conformément aux articles 479, 480 et suivants du Code pénal.

L'article 463 du même Code est applicable.

Le père de famille, pour tomber sous le coup des peines de l'article 14, doit déjà avoir été condamné deux fois, c'est-à-dire une première fois par application de l'article 12 (réprimande ou affichage), suivant qu'il a comparu, sans justification admise, ou qu'il a fait défaut, aussi sans justification, une deuxième fois, par l'inscription, en vertu de l'article 13, de son nom à la porte de la mairie.

Toutes condamnations doivent être notifiées au père de famille ou tuteur qui a fait défaut devant la Commission scolaire. Il faut qu'il puisse profiter, si bon lui semble, des délais d'appel; qu'il sache, après la première condamnation, qu'en cas de récidive, l'inscription de son nom sera faite (peut-être même pour la seconde fois à la porte de la mairie) et, qu'en cas de nouvelle récidive, il sera passible d'une amende, et, même de la prison, si le juge le décide, suivant les circonstances.

Par récidive simple, l'on doit entendre la première infraction qui suit un premier fait coupable, constaté et régulièrement frappé de la peine édictée par la loi. C'est celle mentionnée par l'article 13.

Par nouvelle récidive, il faut considérer l'infraction qui se produit à la suite de la précédente; donc il faut qu'il y ait eu *deux condamnations définitives* pour que l'article 14 devienne applicable, en un mot pour que la troisième infraction puisse être déférée au juge de paix.

La plainte étant adressée au juge de simple police, ce magistrat doit examiner si toutes les formalités énoncées précédemment ont été bien remplies, et si la procédure a été faite régulièrement.

S'il y a des irrégularités, la poursuite est sans base légale, et le prévenu est renvoyé sans amende ni dépens.

Si au contraire le juge reconnaît que la procédure a été suivie régulièrement, et que les faits révélés constituent à ses yeux une contravention, il applique l'article 479 du Code pénal, et au besoin l'article 480, séparément ou conjointement, suivant sa conscience. S'il veut modérer la peine, l'article 463 lui en donne le moyen. Dans son jugement, le juge transcrit le texte de l'article 14 ci-dessus et ceux des articles appliqués du Code pénal, en se dispensant toutefois de reproduire l'énumération de l'article 479, inutile et sans raison d'être dans ce cas.

ART. 15. — La Commission scolaire pourra accorder aux enfants demeurant chez leurs parents ou leur tuteur, lorsque ceux-ci en feront la demande motivée, des dispenses de fréquentation scolaire ne pouvant dépasser trois mois par année en dehors des vacances. Ces dispenses devront, si elles excèdent quinze jours, être soumises à l'approbation de l'inspecteur primaire.

Ces dispositions ne sont pas applicables aux enfants qui suivront leurs parents ou tuteurs, lorsque ces derniers s'absenteront temporairement de de la commune. Dans ce cas, un avis donné verbalement ou par écrit au maire ou à l'instituteur suffira.

La Commission peut aussi, avec l'approbation du Conseil départemental, dispenser les enfants employés dans l'industrie, et arrivés à l'âge de l'apprentissage, d'une des deux classes de la journée; la même facilité sera accordée à tous les enfants employés, hors de leur famille, dans l'agriculture.

Art. 16. — Les enfants qui reçoivent l'instruction dans la famille doivent, chaque année, à partir de la fin de la deuxième année d'instruction obligatoire, subir un examen qui portera sur les matières de l'enseignement correspondant à leur âge dans les écoles publiques, dans des formes et suivant des programmes qui seront déterminés par arrêtés ministériels rendus en Conseil supérieur.

Le jury d'examen sera composé de : l'inspecteur primaire ou son délégué, président; un délégué cantonal; une personne munie d'un diplôme universitaire ou d'un brevet de capacité; les juges seront choisis par l'inspecteur d'académie. Pour l'examen des filles, la personne brevetée devra être une femme. Si l'examen de l'enfant est jugé insuffisant et qu'aucune excuse ne soit admise par le jury, les parents sont mis en demeure d'envoyer leur enfant dans une école publique ou privée dans la huitaine de la notification et de faire savoir au maire quelle école ils ont choisie.

En cas de non-déclaration, l'inscription aura lieu d'office, comme il est dit à l'article 8.

Art. 17. — La caisse des écoles instituée par l'article 15 de la loi du 10 avril 1867 sera établie dans toutes les communes. Dans les communes subventionnées dont le centime n'excède pas trente francs, la Caisse aura droit, sur le crédit ouvert pour cet objet au ministère de l'instruction publique, à une subvention au moins égale au montant des subventions communales.

La répartition des secours se fera par les soins de la Commission scolaire.

Art. 18. — Des arrêtés ministériels rendus sur la demande des inspecteurs d'académie et des Conseils départementaux, détermineront chaque année les communes où, par suite d'insuffisance des locaux scolaires, les prescriptions de l'article 4 et suivants sur l'obligation ne pourraient être appliquées.

Un rapport annuel, adressé aux Chambres par le ministre de l'instruction publique, donnera la liste des communes auxquelles le présent article aura été appliqué.

La présente loi, délibérée et adoptée par le Sénat et par la Chambre des députés, sera exécutée comme loi de l'Etat.

Fait à Paris, le 28 mars 1882.

Signé : Jules GRÉVY.

Le Ministre de l'instruction publique
et des beaux-arts,

Signé : Jules FERRY.

Ainsi qu'on le voit par les articles ci-dessus, des dispenses de fréquentation scolaire peuvent être accordées aux enfants, dans des circonstances déterminées, et en observant les prescriptions de ces mêmes articles.

D'un autre côté, les enfants qui reçoivent l'instruction de famille doivent, chaque année, à partir de la deuxième année d'instruction, passer devant un jury spécial des examens, afin de justifier qu'ils ont acquis les connaissances prescrites par la présente loi. Dans la pratique, l'on se contente, à Paris du moins, de la remise par l'enfant de quelques-uns de ses cahiers et de certains devoirs faits par lui, sous l'attestation écrite du père ou tuteur que les devoirs présentés sont bien ceux de son enfant ou pupille qui les a faits sans être aidé par qui que ce soit.

Si son instruction est jugée insuffisante, les parents sont mis en demeure de l'envoyer dans une école publique ou privée, dans la huitaine de la notification qui leur en est faite, et de déclarer au maire quelle école ils ont choisie. Enfin, en cas de non-déclaration, l'inscription a lieu d'office, ainsi qu'il a été dit précédemment sous l'article 8.

FORMULES

DES DÉLIBÉRATIONS, AVIS ET NOTIFICATIONS
DRESSÉS PAR LES COMMISSIONS SCOLAIRES
PAR APPLICATION DE LA LOI DU 28 MAI 1882
ET DE CELLE DU 30 OCTOBRE 1886
SUR L'ENSEIGNEMENT PRIMAIRE OBLIGATOIRE

FORMULE N° 1

Délibération de la Commission scolaire dressant, d'accord avec le Maire, la liste de tous les enfants de six à treize ans révolus.

(Article 8, paragraphe 1er de la loi du 28 mars 1882.)

Mairie de
arrondissement de
département de

L'an mil huit cent quatre-vingt-sept, le
en la salle des actes de la mairie de
la Commission municipale scolaire de
s'est réunie, en conformité de l'article 8, paragraphe 1er, de la loi du 28 mars 1882.

Sont présents :

M. X..., maire (ou un adjoint), président ;

M. X..., délégué cantonal, désigné à l'effet des présentes par M. l'Inspecteur d'académie de l'arrondissement de , suivant lettre en date à du ;

M. X..., faisant fonctions de secrétaire;

(S'il y a plusieurs cantons dans la commune, il y a autant de délégués que de cantons.)

MM.

« Membres désignés par le Conseil municipal « de , aux termes de la délibéra- « tion en date du , conformément à « l'article 5 de la loi sus-rappelée et de l'ar- « ticle 54, paragraphe 1er, de la loi du 30 oc- « tobre 1886. »

La Commission ainsi formée remplissant les conditions de majorité voulue par l'article 58 de la loi du 30 octobre 1886.

M. le Maire, président, expose :

1° Qu'aux termes de l'article 4 de la loi du 28 mars 1882, paragraphe 1er, sur l'enseignement primaire, l'instruction est obligatoire pour les enfants des deux sexes âgés de six ans révolus à treize ans révolus, et qu'elle peut être donnée soit dans les établissements d'instruction primaire ou secondaire, soit dans les écoles publiques ou libres, soit dans les familles, par le père de famille lui-même ou par toute autre personne qu'il aura choisie;

2° Et qu'aux termes de l'article 8, paragraphe 1er, même loi, « chaque année, le Maire dresse, d'accord avec la Commission municipale scolaire, la liste de tous les enfants âgés de six à treize ans, et avise les personnes qui ont charge de ces enfants de l'époque de la rentrée des classes ».

Qu'en conformité des dispositions ci-dessus, il propose à la Commission d'établir la liste concernant la commune de de la façon suivante :

M. . . ., fils de M. . . ., né à le

M. . . ., pupille de M. . . ., né à le

Mlle . . ., fille de Mme Vve . . ., née à le

La Commission ayant vérifié l'âge de tous les enfants de la commune de , reconnait exacte la liste ci-dessus et y donne son approbation.

En conséquence, un avis individuel sera, par les soins de M. le Maire, adressé dans la huitaine aux personnes qui ont charge de ces enfants, afin de leur faire connaître la présente décision et l'époque de la rentrée des classes fixée au

Ainsi fait et délibéré, en séance privée, les jour, mois et an que dessus.

Lecture faite, M. le Maire, M. le délégué cantonal et MM. les membres de la Commission scolaire ont signé la présente délibération, dont une expédition sera, dans le délai de trois jours, adressée par M. le Président à M. l'Inspecteur primaire, conformément à la loi du 30 octobre 1886, article 58, paragraphe 5.

FORMULE N° 2

Avis individuel aux parents de l'époque de la rentrée des classes.

(Article 8, paragraphe 1er, loi du 28 mars 1882.)

N°   , mairie de
arrondissement de
département de

Le Maire de la commune de
a l'honneur d'informer M.
que son fils . . . , né à   , le
devra recevoir cette année l'instruction primaire et a été inscrit sur la liste dressée par la Commission scolaire le   , et que la rentrée des classes a été fixée au   octobre 188

Fait à

Le Maire de

FORMULE N° 3

Récépissé donné par le père à l'avis ci-dessus.

(Loi du 28 mars 1882, paragraphe 1er de l'article 8.)

Je soussigné reconnais que M. le Maire de m'a donné avis, à la date de ce jour, que mon fils . . ., né à , le devra, par application de la loi du 28 mars 1882, recevoir l'instruction primaire; qu'il a été à cet effet porté sur la liste dressée par la Commission scolaire le , et que la rentrée des classes est fixée au octobre 188

Fait à , le

(Signature de la personne responsable.)

FORMULE N° 4

Inscription d'office de l'enfant à l'une des écoles.

(Loi du 28 mars 1882, paragraphe 2 de l'article 8.)

Mairie de
arrondissement de
département de

L'an mil huit cent quatre-vingt-sept, le
en la salle des actes de la mairie de
la Commission municipale s'est réunie, en conformité de l'article 8, paragraphe 2 de la loi du 28 mars 1882.

Sont présents :

M. X..., président,

M. X..., délégué cantonal, etc. (voir la formule n° 1);

MM. X..., membres de la Commission scolaire, etc. (voir la formule n° 1).

La Commission ainsi formée remplissant les

conditions de majorité voulues par l'article 58 de la loi du 30 octobre 1886, M. le Maire expose :

1° Que par délibération en date du
la Commission scolaire a dressé, d'accord avec lui, la liste des enfants de six à treize ans révolus qui doivent recevoir l'instruction primaire, soit chez eux, soit dans les écoles publiques ou privées (art. 4 de la loi du 28 mars 1882).

2° Que cette délibération a été notifiée à toutes les personnes responsables, et notamment le
à M. . . . , dont le fils . . . , né à , le
a été inscrit sur ladite liste, que copie entière de cette délibération lui a été remise.

3° Que M. . . . père, a donné récépissé de cette notification, suivant reçu signé de lui, en date à
du n° (ou que cette notification lui a été adressée par lettre recommandée au bureau de poste de , ainsi qu'il appert d'un récépissé délivré par ce bureau le , ou qu'elle lui a été signifiée par exploit de
huissier à , en date du).

4° Que M. . . . n'ayant point fait la déclaration prescrite par le paragraphe 2 de l'article 8 de la loi du 28 mars 1882, il y a lieu d'inscrire le jeune . . . à l'une des écoles publiques.

Par ces motifs décide, d'accord avec ladite Commission, que M. . . . fils sera porté sur la liste des enfants qui devront suivre l'école de à , à partir du , et que cette inscription sera notifiée à M. . . . père.

La liste des enfants devant suivre l'école de sera faite en double et adressée, dans la huitaine qui précédera la rentrée des classes, savoir : l'un des doubles à M. le Directeur de cette école, et l'autre à M. l'Inspecteur primaire.

Ainsi fait et délibéré, en séance privée, les jour, mois et an que dessus.

Lecture faite, M. le Maire, président, M. le délégué cantonal et MM. les membres de la Commission scolaire ont signé la présente délibération, dont une expédition sera, dans le délai de trois jours, adressée par M. le Président à M. l'Inspecteur primaire, conformément à la loi du 30 octobre 1886, article 58, paragraphe 5.

FORMULE N° 5

Notification de la délibération précédente.

COPIE ENTIÈRE DE LA DÉLIBÉRATION FORMULE N° 4

Pour copie conforme,

Le Maire,
Président de la Commission scolaire,

R...

NOTIFICATION

En exécution de la loi du 28 mars 1882 sur l'enseignement primaire, le Maire de notifie à M. ... une délibération, dont il lui laisse copie en tête des présentes, de la Commission scolaire de , en date du , aux termes de laquelle M. son fils a été inscrit d'office sur la liste des élèves qui devront, à la rentrée des classes, soit le octobre 188 , recevoir l'instruction primaire dans l'école de

Le Maire soussigné croit devoir rappeler à M. ... qu'il a un délai de dix jours pour appeler de la décision ci-dessus, aux termes de l'article 59 de la loi du 30 octobre 1886, ainsi conçu : « L'inspecteur primaire, les parents et les personnes responsables pourront faire appel des décisions des Commissions scolaires. Cet appel devra être formé, dans le délai de dix jours, par simple lettre adressée au préfet et aux personnes intéressées.

« Il sera porté devant le Conseil départemental statuant en dernier ressort. Cet appel est suspensif.

« Les pères, mères, tuteurs ou tutrices peuvent se faire assister ou représenter par des mandataires devant le Conseil départemental. »

Fait à , le

(Signature du Maire.)

FORMULE N° 6

Récépissé N°

Je soussigné reconnais avoir reçu de M. le Maire de la notification d'une délibération prise par la Commission scolaire de , le ordonnant l'inscription d'office de mon fils, sur la liste des élèves de l'école de afin d'y recevoir l'instruction primaire, à partir du , jour de la rentrée des classes.

Copie de cette délibérarion m'a été remise, avec avertissement qu'un délai de dix jours m'est accordé par la loi pour appeler, si bon me semble, de cette décision.

Fait à , le

(Signature du père.)

FORMULE N° 7

Délibération prise en exécution de l'article 9 de la loi du 28 mars 1882, lorsque l'enfant quitte l'école et que le père n'en a pas donné avis au Maire.

L'an mil huit cent quatre-vingt-sept, le onze heures du matin (le reste comme à la formule n° 1).

M. le Président expose que le jeune né à , le , fils de M. et de Mme , est inscrit sur la liste des élèves qui fréquentent l'école de

Que cet enfant a quitté l'école, et que son père n'en a pas donné immédiatement avis au Maire, ni indiqué de quelle façon son fils recevra à l'avenir l'instruction;

Que M. ... père a, par ce fait, contrevenu à l'article 9 de la loi précitée;

Qu'à cet effet il a été invité à comparaître à ces jour et heure, en la salle de la mairie de devant la Commission scolaire, afin de présenter ses moyens de défense ;

Attendu qu'il est midi sonné et que M. . . . , n'a pas comparu ni personne pour lui, la Commission scolaire donne défaut contre lui, et faisant application de l'article 9 et 13 de la loi du 28 mars 1882 ; lesquels sont ainsi conçus :

Art. 9. — « Lorsqu'un enfant quitte l'école, les parents ou les personnes responsables doivent en donner immédiatement avis au maire et indiquer de quelle façon l'enfant recevra l'instruction à l'avenir. »

Art. 13. — « En cas de récicidive dans les douze mois qui suivront la première infraction, la Commission municipale scolaire ordonnera l'inscription, pendant quinze jours ou un mois, à la porte de la mairie, des nom, prénoms, et qualités de la personne responsable, avec indication du fait relevé contre elle.

« La même peine sera appliquée aux personnes qui n'auront pas obtempéré aux prescriptions de l'article 9. »

Ordonne l'affichage (pendant quinze jours ou un mois) à la porte de la mairie de   , des nom, prénoms et qualités du défaillant, avec indication du fait relevé contre lui ; dit que cette inscription se fera aussitôt l'expiration des délais d'appel écoulés, si aucun recours n'a été exercé contre cette décision, conformément à l'article 59 de la loi du 30 octobre 1886.

La présente délibération sera notifiée à bref délai à M...

Ainsi fait et délibéré, etc. (voir ci-desus formule 1).

Notification et récépissé n°s 8 et 9, suivant les formules n°s 5 et 6.

FORMULE N° 10

Délibération par application de l'article 14 de la loi du 28 mars 1882.

Mairie de
arrondissement de
département de

L'an mil huit cent quatre-vingt-sept, le
en la salle des actes de la mairie de
la Commission municipale scolaire de
s'est réunie en conformité de l'article 8, paragraphe 1er, de la loi du 28 mars 1882.

Sont présents :

M. X..., maire (ou un adjoint), président ;

M. X..., délégué cantonal, désigné à l'effet des présentes par M. l'Inspecteur d'académie de l'arrondissement de , suivant lettre en date à , du

M. X..., faisant fonctions de secrétaire ;

(S'il y a plusieurs cantons dans la commune, il y a autant de délégués que de cantons.)

MM. X...

« Membres désignés par le Conseil municipal « de , aux termes de la délibération en « date du , conformément à l'article 5 « de la loi sus-rappelée, et de l'article 54, paragraphe 1er du 30 octobre 1886. »

M. le président expose :

Que M. ..., demeurant à , a déjà été l'objet de deux condamnations prononcées contre lui par la Commission scolaire de , la première à la date du et la seconde à la date du , que ces deux condamnations aujourd'hui définitives ont été la conséquence d'une double infraction par M. ..., aux articles 12 et 13 de la loi du 28 mars 1882 sur l'enseignement primaire, et ont consisté dans deux affichages à la porte de la mairie de , pendant jours, des nom, prénoms et qualités de M. ..., avec indication des faits relevés contre lui.

Que M. ... a néanmoins persisté à ne pas envoyer son fils à l'école de , où ce dernier était inscrit (ou que les absences de M. ... fils se sont répétées dans les conditions de l'article 12 de la loi du 28 mars 1882), que M. ..., père, s'est mis, par ce fait, en état de nouvelle récidive.

Qu'il a été invité à comparaître, aujourd'hui onze heures du matin, devant la Commission scolaire, à l'effet de présenter ses excuses.

Mais attendu qu'il est midi, que M. . . . n'a pas comparu, et qu'il n'a point fait parvenir aucune excuse ; la Commission scolaire donne défaut contre lui, et faisant application de l'article 14 de ladite loi, lequel est ainsi conçu : « En cas d'une nouvelle récidive, la Commission scolaire ou, à son défaut, l'inspecteur primaire devra adresser une plainte au juge de paix. L'infraction sera considérée comme une contravention et pourra entraîner condamnation aux peines de police, conformément aux articles 479, 480 et suivants du Code pénal.

L'article 463 du même Code est applicable.

Dit qu'une plainte sera adressée à M. le juge de paix du canton de , contre M. . . . . père, aussitôt que les présentes lui auront été notifiées, et que les délais d'appel seront expirés, si aucun recours n'a été exercé conformément à l'article 59 de la loi du 30 octobre 1886.

Ainsi fait et délibéré, en séance privée,

Les mêmes jour, mois et an que dessus.

Lecture faite, M. le Président, M. le délégué cantonal et MM. les membres de la Commission scolaire ont signé la présente délibération dont une expédition sera, dans le délai de trois jours, adressée par M. le maire à M. l'inspecteur primaire, conformément à la loi sus-rappelée, article 58 paragraphe 5.

TABLE DES MATIÈRES

Paris-Imp. PAUL DUPONT, 41, r. Jean-Jacques-Rousseau. — 482.2.87 —

www.ingramcontent.com/pod-product-compliance
Ingram Content Group UK Ltd.
Pitfield, Milton Keynes, MK11 3LW, UK
UKHW020405220726
13923UKWH00004B/1758

9 782019 286088